D1668604

...en Chine

Sascha Hommer

...en Chine

ATRABILE

Marco Polo

De Venise à la Chine

Le grand voyage du 13e siècle

SUN TZU
L'art de la guerre

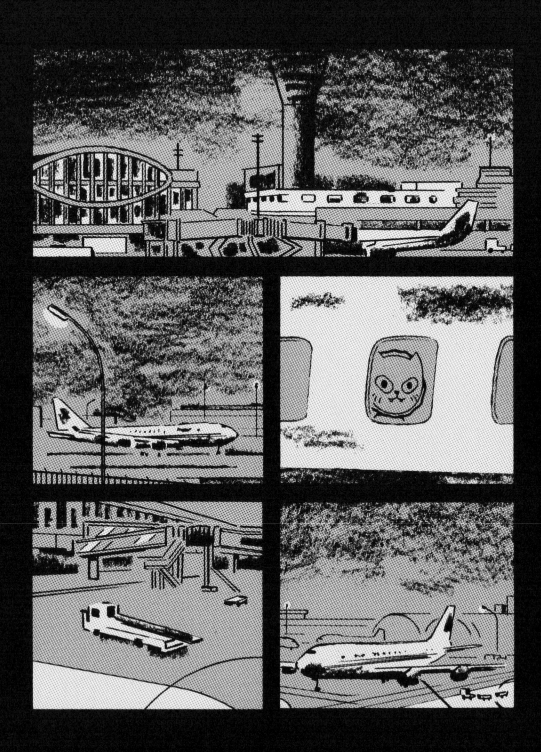

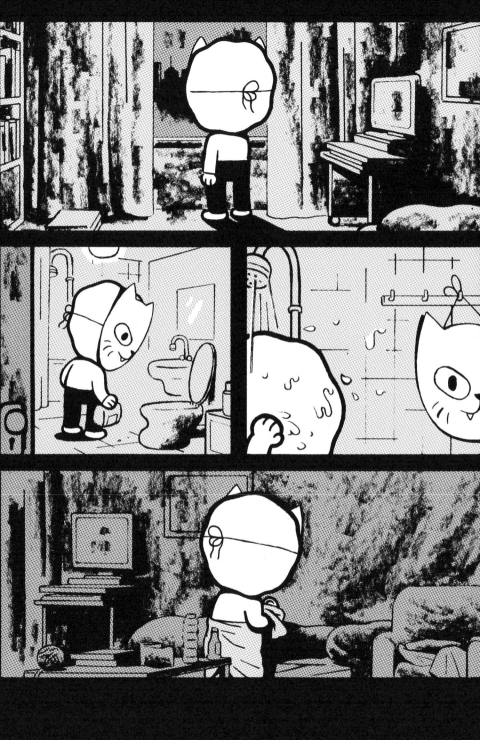

Lorsque, venant du Nord, on suit le cours de la rivière durant trois jours, on arrive dans la Province de Kun-Kin.

Ici le ciel est presque toujours couvert et il pleut constamment.

La belle Karakorum,
où notre voyage dans
l'arrière-pays a débuté,
me manque.

Nous sommes
entraînés à rester
deux jours et deux nuits
sur nos chevaux, sans
manger.

Je passe le temps en
essayant d'apprendre
l'écriture ouïgoure.

En marchant, il faut garder
ses distances avec l'eau. Sans
guide fin connaisseur des lieux,
il nous est impossible d'exploiter
les avantages du terrain.

Il faut sans cesse
inspecter les épais
sous-bois.

Ce sont
des lieux
propices aux
embuscades.

D'importantes unités
se laissent aussi
bien guider que
des troupes
plus petites.

Dans les combats
de nuit, on a recours en
particulier à des torches
et à des tambours.

Quand les arbres
bougent, c'est que
l'ennemi approche.

De petits nuages de poussière sont visibles çà et là, l'ennemi installe son camp.

Après 20 jours de voyage à travers un paysage montagneux, on atteint le bassin rouge.

La ville de Chengdu se trouve au croisement de routes commerciales.

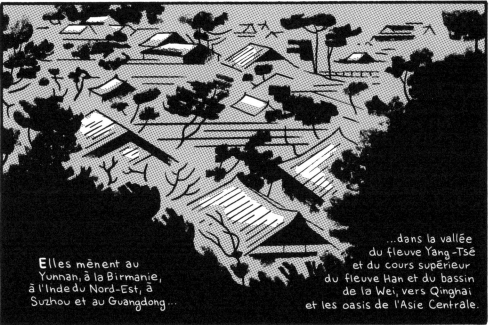

Elles mènent au Yunnan, à la Birmanie, à l'Inde du Nord-Est, à Suzhou et au Guangdong...

...dans la vallée du fleuve Yang-Tsé et du cours supérieur du fleuve Han et du bassin de la Wei, vers Qinghai et les oasis de l'Asie Centrale.

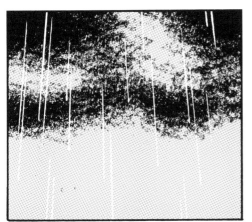

2. Extraterrestres

MAIS JE NE T'AI PAS ENCORE MONTRÉ LE **CLOU DU SPECTACLE!**

LA SALLE DE BAIN EST ATTENANTE À LA CHAMBRE ET DONC TU L'AS POUR **TOI TOUT SEUL!**

QUAND PAR EXEMPLE TU RA-MÈNES QUELQU'UN POUR LA NUIT, C'EST L'IDÉAL, HOHO!!

D'ACCORD, MERCI. JE DOIS ENCORE RÉFLÉCHIR ET JE TE TIENDRAI AU COU-RANT LA SEMAINE PROCHAINE.

ÇA MARCHE! ON SE RECONTACTE LUNDI ALORS.

FRANCHEMENT, JE NE PENSE PAS QUE TU PUISSES TROUVER MIEUX À CHENGDU.

QU'EST-CE QUE TU EN DIS, CHÉRIE, CE N'EST PAS LE **MEILLEUR APPAR-TEMENT** DE TOUTE LA VILLE?

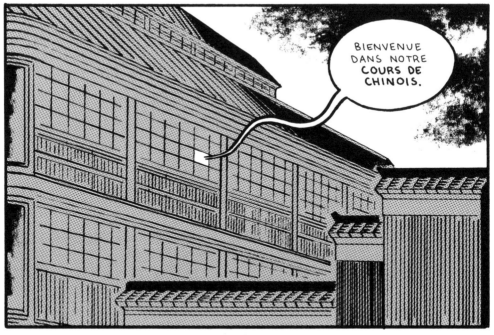

BIENVENUE DANS NOTRE **COURS DE CHINOIS.**

JE M'APPELLE JON. JE VIS EN CHINE DEPUIS **1983** DÉJÀ.

À MON ARRIVÉE, J'AI PASSÉ UN PEU DE TEMPS À **PÉKIN** OÙ J'AI ÉGALEMENT APPRIS LE CHINOIS.

IL S'AGIT D'UN COURS POUR DÉBUTANTS DÉSIREUX D'APPRENDRE À PARLER CHINOIS LE PLUS VITE POSSIBLE.

名词
动动词
代词
量词
副词
介词

NOUS ABORDERONS ÉGALEMENT LES **CARACTÈRES CHINOIS** MAIS L'ACCENT SERA SURTOUT MIS SUR LA PRONONCIATION.

AU DÉBUT DE CHAQUE HEURE DE COURS, JE VOUDRAIS AUSSI ABORDER UN ASPECT DE L'HISTOIRE OU DE LA CULTURE DU PAYS ET DE LA PROVINCE DE **SICHUAN.**

TU NOUS AS BIEN DIT QUE TU VENAIS DE **HAMBOURG,** C'EST BIEN ÇA?

OUI.

DANS UN COMPTE-RENDU DE VOYAGE DE 1961, IL EST INDIQUÉ :
«CHENGDU EST À PEU PRÈS AUSSI PEUPLÉE QUE HAMBOURG.»

AUJOURD'HUI, LA VILLE COMPTE
14 MILLIONS D'HABITANTS : ENVIRON
5 MILLIONS DANS LA VILLE MÊME
ET 9 MILLIONS EN PÉRIPHÉRIE.

DURANT LA RÉVOLUTION CULTURELLE,
DES **STATUES DE MAO** ONT ÉTÉ
ÉRIGÉES AUX QUATRE COINS
DE LA CHINE.

CHENGDU A AUSSI SON EXEMPLAIRE DEPUIS 1968. CES STATUES SONT CARACTÉRISÉES PAR LEUR BRAS DROIT LEVÉ EN L'AIR.

À CHENGDU, MAO TIENT SON BRAS GAUCHE REPLIÉ DERRIÈRE SON DOS, POINT FERMÉ, COMME S'IL VOULAIT CACHER QUELQUE CHOSE.

IL SURBLOMBE LA PLACE CENTRALE TIANFU ET REGARDE VERS LE FLEUVE JIN. JUSTE EN DESSOUS, IL Y A UN MAGASIN DE JOUETS.

CES DERNIÈRES ANNÉES, LE TRAFIC S'EST DÉVELOPPÉ DE MANIÈRE FULGURANTE. CELA REPRÉSENTE UN CHALLENGE PARTICULIER POUR LES EUROPÉENS.

LES CONDUCTEURS CHINOIS KLAXONNENT SANS CESSE. EN FONCTION DE LA SITUATION, UN COUP DE KLAXON PEUT AVOIR DIFFÉRENTES SIGNIFICATIONS.

DANS LES ANNÉES 1980, LE VÉLO ÉTAIT ENCORE LE MOYEN DE LOCOMOTION LE PLUS UTILISÉ À CHENGDU.

DE NOS JOURS, LE MÉTRO, LE SCOOTER ET LA VOITURE DOMINENT.

LA CROISSANCE ÉCONOMIQUE DE CHENGDU EST NETTEMENT SUPÉRIEURE À LA MOYENNE NATIONALE. TRÈS SOUVENT, LA SKYLINE DISPARAÎT EN RAISON DE LA FORTE POLLUTION DE L'AIR.

IL N'Y A AUCUN APPARTEMENT DE LIBRE DANS CE PÂTÉ DE MAISON.

IL DIT QUE LA CHAMBRE COÛTE 100 YUAN.

J'AI FAIM.

EN REVANCHE, AVEC LES **RATS**, J'AI TROUVÉ LA SOLUTION.

IL Y A QUELQUES MOIS, J'EN AI CAPTURÉ UN ICI.

J'AI COMMENCÉ PAR LE LAVER. UNE FOIS PROPRE, UN RAT, C'EST **ASSEZ MIGNON** FINALEMENT.

IL N'Y A QUE LA QUEUE QUI ME DÉRANGE. IMPOSSIBLE DE S'Y FAIRE. ALORS JE LUI AI COUPÉ.

J'AI ACHETÉ UNE CAGE ET LE RAT Y VIT DÉSORMAIS, ICI MÊME, DANS NOTRE CUISINE.

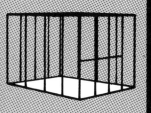

L'ANIMAL S'EST SAUVÉ UNE FOIS. LES BARREAUX N'ÉTAIENT PAS ASSEZ RESSERRÉS.

JE L'AI ATTRAPÉ ET JE LUI AI DONNÉ **DES TAPES** : « PAS DE FUGUE SOUS MON TOIT ! »

LA NUIT JE VAIS LE VOIR ET JE LE PIQUE AVEC UNE AIGUILLE TRÈS FINE.

SES CRIS SONT UN SIGNAL : « NE VENEZ PAS DANS LA CUISINE ! ICI, C'EST LA TORTURE ! »

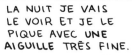

DANS LE TEMPS J'AI TRAVAILLÉ SUR UN BATEAU. ILS FAISAIENT LA MÊME CHOSE MAIS AVEC UN **ENREGISTREMENT SONORE.**

MAIS LES RATS SONT MALINS. ILS COMPRENNENT QUE CE SONT **TOUJOURS LES MÊMES** CRIS.

ET PUIS, MA FOI, JE ME SUIS HABITUÉ À CE RAT.

AVEC LES CAFARDS, C'EST UNE AUTRE HISTOIRE. ILS INSPIRENT UN **DÉGOÛT NATUREL.**

UNE FOIS, J'AI TENTÉ DE PRENDRE SUR MOI ET J'AI ATTRAPÉ UN GROS CAFARD DANS MES MAINS.

JE L'AI OBSERVÉ UN MOMENT POUR ESSAYER DE SURMONTER MON DÉGOÛT.

QUAND ON LEUR ARRACHE LA TÊTE, ON PEUT VOIR LES ENTRAILLES QUI RESSORTENT.

DEPUIS CE JOUR, JE LES ATTRAPE **TOUJOURS** À LA MAIN, MAIS JE N'AI JAMAIS RÉUSSI À ME DÉBARRASSER TOTALEMENT DE MON AVERSION.

La Cité des Chats

3. Typiquement chinoi.

SA SPÉCIFICITÉ, CE SONT LES DIFFÉRENTS MASQUES QUI CHANGENT À LA **VITESSE DE L'ÉCLAIR** DURANT LA REPRÉSENTATION.

ENCORE AUJOURD'HUI, LA FAÇON DONT SONT EFFECTUÉS CES CHANGEMENTS DEMEURE UN GRAND MYSTÈRE.

SALUT JE SUIS SASCHA.

SALUT.

JE SUIS JAMES. LE MIEUX, C'EST QUE JE COMMENCE PAR T'EXPLIQUER COMMENT TOUT FONCTIONNE DANS L'APPARTEMENT.

HAHA! LES TOILETTES SONT UN GROS POINT NOIR, EN TOUT CAS... ON EST BIEN LOIN DES **STANDARDS** OCCIDENTAUX !

LA RUE EST UN PEU BRUYANTE MAIS ON S'Y FAIT ASSEZ VITE.

LÀ C'EST POUR CONTRÔLER LE GAZ. C'EST IMPORTANT PAR EXEMPLE POUR RÉGLER LA **TEMPÉRATURE DE L'EAU**. ET C'EST LÀ AUSSI QUE NICHENT LES CAFARDS, **HAHA** !

ÇA C'EST LE BRANCHEMENT POUR LA **DOUCHE** ET ÇA C'EST POUR LE **LAVE-LINGE**. BEUH... IL Y A UN TRUC QUI PUE LÀ DERRIÈRE.

C'EST PAR LÀ QUE L'EAU ARRIVE. IL FAUT DONC FAIRE ATTENTION À CE QUE **CE BOUTON SOIT ENCLENCHÉ** ET ENSUITE TU RÈGLES LA MINUTERIE. PARFOIS, IL N'Y A **PAS** D'EAU QUI SORT ET PARFOIS IL Y EN A TROP, HAHA!

LE MIEUX C'EST DE RESTER **TOUT LE TEMPS À CÔTÉ** DE LA MACHINE PENDANT QU'ELLE TOURNE. UNE FOIS LE CYCLE TERMINÉ, TU SÉLECTIONNES « EAUX USÉES » ET TU PEUX LANCER UN NOUVEL ESSORAGE POUR FINIR, ÇA VA LÀ.

LES GRILLES DOIVENT **TOUT LE TEMPS** RESTER FERMÉES, SINON LES **RATS RENTRENT.** MOUAIS... C'EST POUR ÇA QUE LE LOYER EST PEU ÉLEVÉ.

POUR MOI DE TOUTE FAÇON, C'EST ÇA LE PRINCIPAL! JE PRENDS L'APPARTEMENT POUR DEUX MOIS, SI C'EST POSSIBLE.

SUPER.

DING
DING

OK, TU PEUX TRANSPORTER COMBIEN DE MAGAZINES ?

150, JE PENSE.

TU VAS COMMENCER PAR LIVRER LES ADRESSES DU VOISINAGE, DONC LA **SECTION KEHUA**.

À «GLOBAL DOCTOR», TU NE DÉPOSES QUE 10 EXEMPLAIRES. ON RÉAPPROVI-SIONNERA PLUS TARD. ET POUR «PETER'S TEX MEX KEHUA», ON A PRÉVU 150 MAGAZINES.

ON SE RETROUVE ICI TOUT À L'HEURE !

QUOI ?... OUI... OUI, OK, JE TE REJOINS À LA TOUR SOHO.

BLA BLA BLA BLAB BLA BLA BLA BLA B BLA BLA BLA B BLA BLA BLA B BLA BLA BLA

SI VOUS VOULEZ QUE VOTRE LOGO APPARAISSE DANS LE MAGAZINE, C'EST 2000 YUAN POUR SIX MOIS ET 3000 POUR L'ANNÉE ENTIÈRE.

ALORS, TU AS PU TOUT FAIRE ?

PRESQUE. IL ME RESTE ENCORE UN CHARGEMENT À LIVRER.

C'EST LE **TOUT PREMIER** STAND DE FALAFELS DE CHENGDU, ILS ONT OUVERT IL Y A UNE SEMAINE. COMMENT SONT LES FALAFELS ?

ÇA VA.

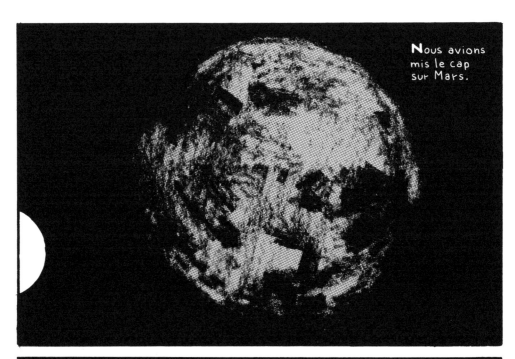

Nous avions
mis le cap
sur Mars.

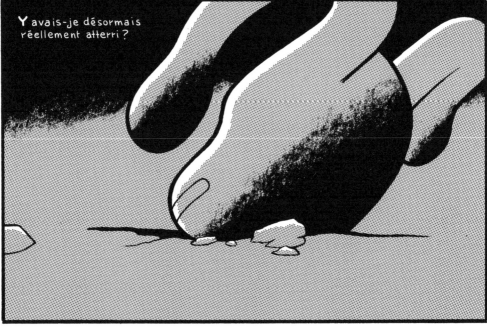

Y avais-je désormais
réellement atterri ?

Il me prirent par surprise. Aurais-je dû me défendre ?

Mon hôte est, comme il me l'apprit après m'avoir capturé,...

...propriétaire de la plus grande plantation de feuilles de drogue du royaume des chats.

Ici aussi, il ont leur propre écriture: des signes infernaux semblables à de petites maisons ou à de petites tours, qui sont très difficiles à retenir.

Mais en me donnant beaucoup de mal, j'ai réussi à apprendre cette langue étrangère.

Et, bien vite, j'ai commencé à mieux comprendre mon entourage.

En regardant vers le passé, les chats pouvaient contempler leur histoire vieille de plus de 20 000 ans. Tant d'inventions avaient vu le jour ici qu'il était impossible de les compter.

Seul les stupéfiants demeurèrent longtemps inconnus au pays des chats.

Un étranger finit par faire entrer des feuilles de drogue dans le royaume et, bientôt, tout le monde tomba dans la dépendance.

Au début, les étrangers étaient combattus mais il apparut bien vite plus important de s'occuper de la culture de la drogue.

Aujourd'hui, tous les étrangers sont hautement respectés. Et les soldats ne servent plus qu'à protéger les plantations.

Le mieux évidemment, c'est quand les plantations sont surveillées par un étranger.

Ainsi, j'ai très vite commencé à travailler en tant que sentinelle.

Les villes des chats sont primitives. Tout le monde veut vivre à proximité d'une plantation, seul critère important dans le choix d'une maison.

Il ne reste aujourd'hui presque plus de routes praticables si bien que la chaise à porteurs est devenue le moyen de transport des étrangers.

Les feuilles de drogue servent de monnaie car, au royaume des chats, l'argent aussi est désormais inexploité.

Les autochtones ne sont vraiment bons à rien.

Il faut tout leur expliquer, et encore, ils ont déjà tout oublié le lendemain.

On embauche un domestique au hasard en lui disant qu'il ne pourra compter sur sa paie qu'en cas de fiabilité absolue.

Pendant quelques jours, tout se passera bien.
Mais malheur si le serviteur découvre
où sont stockées les feuilles de drogue
dans la maison.

Au royaume des chats,
toutes les lois
concernant le vol
de stupéfiants ont
été abrogées.

La loi du
plus fort
prévaut.

LE
MONDE
CHINOIS

4. Une énergie infinie

BONJOUR, JE SUIS SASCHA. ON S'EST PARLÉ AU TÉLÉPHONE À PROPOS DU JOB...

AH, L'**ALLEMAND**! C'EST BIEN QUE VOUS AYEZ PU VENIR TOUT DE SUITE. EN CE MOMENT, IL N'Y A ABSOLUMENT AUCUN GERMANOPHONE À CHENGDU.

DONC LA RÉMUNÉRATION DÉPEND DE LA LONGUEUR DU TEXTE. AUJOURD'HUI, ON VA COMMENCER AVEC DEUX COURTS PASSAGES.

L'INTONATION DOIT ÊTRE **VIVANTE** ET **POSITIVE**.

LE PREMIER TEXTE SERA DIFFUSÉ SUR UN STAND DANS UN SALON, LE DEUXIÈME EST UN SPOT-TÉLÉ.

VOUS POUVEZ DÉJÀ LES LIRE POUR VOUS PRÉPARER ET VOIR SI VOUS AVEZ DES QUESTIONS.

J'AI UNE QUESTION. J'AI REMARQUÉ QUE LES TEXTES SONT TRUFFÉS DE FAUTES. DOIS-JE ESSAYER DE LES CORRIGER ?

CE NE SERA PAS FACILE, CAR PARFOIS JE NE COMPRENDS MÊME PAS LE SENS DE LA PHRASE.

NON, LISEZ EXACTEMENT CE QUI EST ÉCRIT, S'IL VOUS PLAÎT. CES PRÉSENTATIONS ONT ÉTÉ RÉDIGÉES PAR DES **TRADUC-TEURS CERTIFIÉS.**

RRAACLE

SHANGSHENG SPORTS RESTE FIDÈLE À LA PHILOSOPHIE DU **DÉVELOPPEMENT LA TECHNOLOGIE FAIT UN ÉLAN À L'ENTREPRISE.**

AVEC LE DÉVELOPPEMENT DE L'HISTOIRE, **L'ÉNERGIE INFINIE** S'ACCUMULE. CELA PERMET À SHANGSHENG SPORTS DE REMPORTER DES BREVETS D'INVENTION, DES MODÈLES D'UTILITÉ ET DES DESSINS ET MODÈLES.

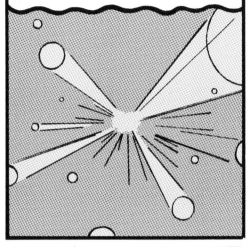

SHANGSHENG SPORTS RESSORT DE **L'ENSEMBLE DE LA SITUATION** ET EST DEVENUE, GRÂCE À SA PROPRE PUISSANCE, LA PLUS GRANDE **ENTITÉ D'ENTREPRISE** DU SECTEUR.

CELA **PROUVE DONC** L'IMPACT DE SHANGSHENG SPORTS SUR LE MARCHÉ OUTRE-MER ET L'APPLICATION DE SA STRATÉGIE À L'ÉCHELLE MONDIALE.

LA TRIBUNE MOBILE DE SHANGSHENG SPORTS RESSEMBLE À UNE **FORME À DEGRÉS** UNE FOIS **OUVERTE** ET À UN **CORPS EMPILÉ** DANS UN COFFRET UNE FOIS REPLIÉE.

CELA PERMET LA MULTIFONCTIONNALITÉ DU STADE ET L'ACCROISSEMENT DU TAUX D'OCCUPATION DU STADE.

EN REGARDANT EN ARRIÈRE, NOUS NOUS SENTONS **FIERS**. EN NOUS TOURNANT VERS L'AVENIR, NOUS SOMMES EMPLIS **DE PASSION**.

SHANGSHENG SPORTS A FAIT SON ENTRÉE SUR LA SCÈNE AVEC LE RÊVE ET SE TOURNE CONFIANT VERS LE MONDE. À CAUSE DE SHANGSHENG SPORTS, L'INDUSTRIE DU SPORT SERA BIEN PLUS SUPERBE !

SUPER! VOUS POUVEZ AUSSI ENREGISTRER LE DEUXIÈME TEXTE MAINTENANT?

L'ACIER À RESSORT-ALLIAGE-AUGMENTATION-VITESSE-TRAIN DE SPECIAL STEEL CO., LTD., A DÉJÀ ATTEINT LORS DE TEST DE LONGÉVITÉ **PLUS DE DIX MILLIONS** DE FOIS.

SPECIAL STEEL CO., LTD., EST LE **FIDÈLE FOURNISSEUR** DE L'INDUSTRIE MILITAIRE NATIONALE.

NOS PRODUITS ONT ÉTÉ UTILISÉS DANS DES VAISSEAUX SPATIAUX LANCÉS AVEC SUCCÈS ET DANS DES MODÈLES **TROISIÈME GÉNÉRATION** DÉVELOPPÉS PAR NOS SOINS TEL QUE DES AVIONS DE COMBATS, DES VÉHICULES MILITAIRES, DES BATEAUX, ETC...

DES TUYAUX DE CHAUDIÈRE HAUTE PRESSION DE SÉRIE F ET DES TUYAUX EN ACIER SANS SOUDURE EN ALLIAGE D'ÉPAISSEUR DE PAROI DE GROSSEUR MOYEN ONT ÉTÉ UTILISÉS DANS DES GRANDES UNITÉS GÉNÉRATRICES **SUPERCRITIQUES** ET **ULTRA-SUPERCRITIQUES**.

SPECIAL STEEL CO., LTD., A DÉJÀ INSTALLÉ TREIZE BUSINESS OFFICES DANS **DIVERS ÉTRANGERS**.

LE GROUPE TENAIT À UN ÉCHANGE MUTUEL AVEC LES FOURNISSEURS DE MATIÈRES PREMIÈRES ET LES CLIENTS ET A MIS EN PLACE UN SOUTIEN MUTUEL ET UNE **ATMOSPHÈRE DE COOPÉRATION STRATÉGIQUE** WIN-WIN.

AVEC COMME PHILOSOPHIE D'ENTRE-PRISE **SINCÉRITÉ INNOVATION EFFICACITÉ DÉPASSEMENT**, SPECIAL STEEL CO., LTD, NE CESSE D'AVANCER SUR LE CHEMIN DE L'ÉDIFICATION D'UN GROUPE INTERNATIONAL D'ACIER SPÉCIAL ULTRA-COMPÉTITIF, HAUTE-MENT EFFICIENT, INTENSE ET SPÉCIALISÉ.

OHLALA! CETTE VILLE **VA ME TUER!!**

LE TRAFIC, L'AIR... CHAQUE ANNÉE, C'EST DE PIRE EN PIRE.

TA MÈRE VIENT BIEN DE CHINE? QUE DIT-ELLE DU FAIT QUE TU VIVES ICI?

AH!

ELLE NE COMPREND ABSOLUMENT PAS. C'EST LE PAYS D'OÙ ELLE A ÉMIGRÉ, ET ELLE AVAIT DE BONNES RAISONS.

QUAND J'ÉTAIS ENFANT, ELLE ME RACONTAIT TOUJOURS QU'EN CHINE, LES GENS DEVAIENT MANGER DES INSECTES. À CETTE ÉPOQUE-LÀ, J'AVAIS TOUT DE SUITE IMAGINÉ QUE CES INSECTES ÉTAIENT DES CAFARDS.

J'AI RÉALISÉ PLUS TARD QUE LA RÉGION DONT ELLE VENAIT ÉTAIT CONNUE POUR LE FAIT QUE LES GENS MANGEAIENT **QUASIMENT TOUT.** EN PLUS, SA FAMILLE ÉTAIT VRAIMENT PAUVRE.

BREF... EN TOUT CAS, JE TROUVAIS NÉCESSAIRE DE VIVRE UN TEMPS EN DEHORS DES ÉTATS-UNIS.

AU DÉBUT, JE VOULAIS ALLER EN EUROPE MAIS IL S'EST AVÉRÉ BIEN PLUS FACILE DE TROUVER DU BOULOT EN ASIE.

J'AI PASSÉ MA PREMIÈRE ANNÉE À SUZHOU. **LA PIRE ANNÉE DE MA VIE!** J'ÉTAIS TRÈS ISOLÉE, JE BUVAIS BEAUCOUP. J'AI AUSSI ESSAYÉ LA FUMETTE, MAIS ÇA NE M'A RIEN FAIT.

À LA FIN DE CETTE PREMIÈRE ANNÉE, ÇA A COMMENCÉ À ALLER MIEUX. JE VOYAIS QUE J'ARRIVAIS À APPRENDRE LA LANGUE. ET PUIS, EN 2005, JE SUIS VENUE À CHENGDU.

ICI, J'AI TOUT DE SUITE RENCONTRÉ DES OCCIDENTAUX QUI **VIVAIENT AVEC DES CHINOIS,** QUI JOUAIENT AVEC EUX **DANS DES GROUPES** OU TRAVAIL-LAIENT ENSEMBLE SUR D'AUTRES PROJETS- JE N'AVAIS ENCORE JAMAIS VU ÇA EN CHINE.

UN SOIR, ON EST ALLÉ DANS UN RESTAURANT INDIEN OÙ MIXAIT UN DJ ALLEMAND QUE LES AUTRES CONNAISSAIENT DÉJÀ. C'EST COMME ÇA QUE J'AI RENCONTRÉ KARL.

JE CROIS QUE C'EST EN 2006 QUE LES GENS ONT COMMENCÉ À DIRE QU'IL MANQUAIT UN MAGAZINE EN ANGLAIS À CHENGDU.

KARL A ALORS ÉTÉ CELUI QUI S'EST MIS AU BOULOT, AU LIEU DE SIMPLEMENT EN PARLER. DEPUIS, LE MAGAZINE PARAÎT CHAQUE MOIS SANS INTERRUPTION.

LORS DU TREMBLEMENT DE TERRE DE 2008, ON AVAIT NOS BUREAUX DANS LE COIN. C'ÉTAIT L'HEURE DU DÉJEUNER ET KARL N'ÉTAIT PAS ENCORE ARRIVÉ. IL Y AVAIT JUSTE LES EMPLOYÉS D'UNE AUTRE SOCIÉTE.

POUR ÊTRE TRÈS PRÉCISE, J'ÉTAIS EN TRAIN DE **PISSER** QUAND LE SÉISME A COMMENCÉ.

JE ME SUIS D'ABORD DIT QUE LE VACARME VENAIT D'UN CHANTIER MAIS, AU 17ᴱ ÉTAGE, ÇA PARAISSAIT ABSURDE. JE SUIS SORTIE DES TOILETTES EN COURANT ET ON A TOUS COMPRIS AU MÊME INSTANT CE QUI SE PASSAIT.

IL Y AVAIT PEUT-ÊTRE MILLE PERSONNES DANS LE BÂTIMENT. ON LES ENTENDAIT TOUS DÉVALER LES ESCALIERS EN COURANT.

NOUS EN REVAN-CHE, NOUS SOMMES RESTÉS DEBOUT PRÈS DE L'ENTRÉE DU BUREAU. ON NOUS AVAIT EXPLIQUÉ QUE C'ÉTAIT LA RÉACTION À AVOIR. J'ESSAYAIS DE RESTER CALME.

DE LÀ OÙ J'ÉTAIS, JE POUVAIS VOIR UNE PETITE FENÊTRE ET, À TRAVERS CETTE FENÊTRE, L'IMMEUBLE D'EN FACE.

J'ÉTAIS SURPRISE DE LA FORCE AVEC LAQUELLE LES IMMEUBLES TANGUAIENT.

LE TREMBLEMENT DE TERRE A DURÉ DEUX OU TROIS MINUTES, CE QUI EST VRAIMENT LONG, ET JE ME DISAIS: PEUT-ÊTRE QUE CE N'EST PAS UN TREM-BLEMENT DE TERRE?

À CÔTÉ DE MOI, IL Y AVAIT UN AUTRE AMÉRI-CAIN. IL A ESSAYÉ DE FAIRE UNE BLAGUE OU UN TRUC DU GENRE. J'AI PENSÉ: «MAIS FERME TA GUEULE!», MAIS JE L'AI JUSTE REGARDÉ EN RICANANT.

IL M'A DIT: «TU ES JOLIE, QUAND TU RIS!»

ÇA A COMMENCÉ À VRAIMENT M'ÉNERVER DE ME DIRE QUE J'ALLAIS MOURIR ICI, **SANS KARL** ET AVEC **CE TRIPLE IDIOT**.

LE SÉISME S'EST ALORS ARRÊTÉ.

EN QUITTANT LE BUREAU, NOUS AVONS VU DES **CHAUSSURES**. LES FEMMES LES AVAIENT ENLEVÉES POUR POUVOIR COURIR PLUS VITE.

EN ARRIVANT EN BAS, JE SUIS TOUT DE SUITE TOMBÉE SUR KARL. IL ÉTAIT JUSTEMENT SUR LE CHEMIN DU BUREAU.

COMME À SON HABITUDE, IL VOULAIT DÉJÀ ALLER DANS UN RESTAURANT.

L'ÉPICENTRE SE SITUAIT À ENVIRON 75 KILOMÈTRES AU NORD-OUEST DE CHENGDU.

JUSTE APRÈS LE TREMBLE-MENT, DE NOMBREUX OCCIDENTAUX CONVERGÈRENT VERS UN CAFÉ QUI ÉTAIT ALORS UN LIEU DE RENDEZ-VOUS COURU.

IL Y EUT TOUT DE SUITE UN TAS DE RUMEURS, COMME PAR EXEMPLE QU'UNE USINE CHIMIQUE AVAIT ÉTÉ TOUCHÉE ET QUE L'EAU ÉTAIT CONTAMINÉE.

L'ARMÉE EST BIEN ORGANISÉE ET NE MANQUE PAS D'HOMMES.

IL FUT DONC DIT AUX CIVILS QUE ÇA N'AVAIT **AUCUN SENS** QUE **CHACUN** ESSAYE D'AIDER PARCE QUE ÇA N'ENGENDRERAIT QUE DU CHAOS.

ET CELA FUT SURTOUT DIT **TRÈS CLAIREMENT** AUX ÉTRANGERS, QUI EN RÈGLE GÉNÉRALE NE PARLAIENT PAS CHINOIS.

NÉANMOINS, PLUSIEURS D'ENTRE EUX TENAIENT ABSOLUMENT À AGIR INDIVIDUELLEMENT ET PASSAIENT DISCRÈTEMENT LES BARRAGES.

JE ME SUIS DISPUTÉE AVEC BEAUCOUP DE GENS À CETTE ÉPOQUE.

ON DEMANDE L'ADDITION ?

OUI.

JE VAIS VOIR KARL.

OUI... AMUSEZ-VOUS BIEN.

OK, J'ABAN-DONNE !

« BONNE FIN DE JOURNÉE, JE DOIS Y ALLER ! »

ELLE AVAIT QUEL ÂGE, SELON TOI ?

AUCUNE IDÉE, MAIS LA SOIXAN-TAINE BIEN TAPÉE, C'EST SÛR.

ÇA NE NOUS SERAIT JAMAIS ARRIVÉ EN EUROPE.

POURQUOI AS-TU DÉCIDÉ DE T'INSTALLER À CHENGDU ?

JE VOULAIS APPRENDRE UNE DES GRANDES LANGUES DE L'ASIE DE L'EST.

LA CORÉE NE M'A PAS PLU ET LE JAPON EST TROP CHER. LA CHINE PRÉSENTAIT DONC, DE MON POINT DE VUE, LE MEILLEUR RAPPORT QUALITÉ-PRIX.

CHENGDU, POUR SA PART, ÉTAIT UNE VILLE D'UNE TAILLE CERTAINE MAIS QUI CONSERVAIT TOUTE-FOIS UNE AMBIANCE SYMPA.

TOUT CELA AVEC DES NIVEAUX DE PRIX **RELATIVEMENT** BAS ET PAS TROP D'OCCI-DENTAUX, ENFIN **PAS ENVAHIE** EN TOUT CAS.

HM, OUI...MAIS DU COUP, ICI IL N'Y A PAS DES MASSES DE PROPOSITIONS CULTURELLES POUR UN PUBLIC OCCIDENTAL.

IL Y A À PEU PRÈS AUTANT DE **MANIFESTATIONS MUSICALES ET ARTISTIQUES** QUE DANS UNE PETITE VILLE D'ALLEMAGNE.

À PEU PRÈS COMME À FRIBOURG-EN-BRISGAU.

NON, PLUTÔT COMME À **TÜBINGEN** ! PEUT-ÊTRE MÊME ENCORE MOINS.

BERLIN PROPOSE EN UN SEUL JOUR BIEN PLUS DE MANIFESTATIONS QUE CHENGDU **EN UN MOIS**, POUR **QUATRE FOIS MOINS** D'HABITANTS !

CELA SEMBLE EXTRÊMEMENT SOUS-DÉVELOPPÉ, MAIS C'EST ÉVIDEMMENT UNE QUESTION DE POINT DE VUE.

ON PENSAIT QUE L'ESSOR CULTUREL QUI A EU LIEU CHEZ NOUS TOUCHERAIT **TOUT LE MONDE**, TÔT OU TARD.

EN RÉALITÉ, L'EUROPE EST VRAISEMBLABLEMENT UNE EXCEPTION ET ICI, C'EST LA NORME.

COMMENT AS-TU VÉCU LE TREMBLEMENT DE TERRE?

AH, OUI, ÇA C'ÉTAIT MARRANT.

MARRANT?

OUI, PARCE QUE JE SUIS ARRIVÉ EN RETARD AU TRAVAIL.

CE JOUR LÀ, J'ÉTAIS PARTI VRAIMENT **TRÈS EN RETARD** ET DONC, VERS DEUX HEURES, J'ÉTAIS SEULEMENT EN CHEMIN.

SOUDAIN, J'AI SENTI QU'IL SE PASSAIT QUELQUE CHOSE D'ÉTRANGE. MON REGARD S'EST PORTÉ SUR LE **MCDONALD'S** DONT L'ENSEIGNE SEMBLAIT BOUGER.

LES VITRES VIBRAIENT D'UNE MANIÈRE BIZARRE. J'AI REGARDÉ DE PLUS PRÈS ET J'AI REMARQUÉ QUE LE **BÂTIMENT ENTIER** BOUGEAIT. ET QUE CE N'ÉTAIT PAS SEULEMENT **CE BÂTIMENT**, MAIS **TOUS LES BÂTIMENTS**!

JE VOULAIS RESTER AU MILIEU DE LA RUE. MAIS LES VOITURES ONT COMMENCÉ À ROULER DANS TOUS LES SENS. ALORS, J'AI ESSAYÉ DE LES ARRÊTER.

TRÈS VITE LA RUE ÉTAIT PLEINE DE GENS QUI AVAIENT FUI LES IMMEUBLES. UNE FOIS LE SÉISME TERMINÉ, J'AI CONTINUÉ MA ROUTE JUSQU'AU BUREAU.

LÀ, J'AI RETROUVÉ LINDA. J'AI COMPRIS ASSEZ VITE QUE QUELQUE CHOSE **DE PARTICULIER** VENAIT D'ARRIVER. APRÈS TOUT, CHENGDU N'ÉTAIT PAS CONSIDÉRÉE COMME UNE RÉGION SISMIQUE.

JE ME SUIS DEMANDÉ : **ET LES INFRA-STRUCTURES, DANS TOUT ÇA ?** J'AI DONC APPELÉ EN ALLEMAGNE. LE RÉSEAU DE TÉLÉPHONIE MOBILE ÉTAIT INTACT.

DEPUIS L'ALLEMAGNE J'AI APPRIS LA MAGNITUDE DU SÉISME. IL FUT ALORS ÉVIDENT QUE LE NOMBRE DE VICTIMES ALLAIT ÊTRE EXTRÊME-MENT ÉLEVÉ.

IL ÉTAIT ÉGALEMENT PROBABLE QUE SURVIENNE UNE PÉNURIE ALIMENTAIRE.

ALORS NOUS SOMMES ALLÉS DIREC-TEMENT **MANGER.**

DANS LES JOURS QUI ONT SUIVI, BEAUCOUP DE GENS ONT DORMI À LA BELLE ÉTOILE, MALGRÉ UNE PLUIE INCESSANTE.

ILS CRAIGNAIENT **LES RÉPLIQUES** ET IL ÉTAIT IMPOSSIBLE DE LES CONVAINCRE QU'IL VALAIT MIEUX RETOURNER DANS LES MAISONS.

BIENTÔT, IL Y EUT UN **EFFET DE DOMINO**. UNE POIGNÉE DE GENS COMMENCÈRENT À FAIRE DES STOCKS D'EAU ET, TRÈS VITE, **TOUT LE MONDE** EN FIT AUTANT.

ON VIT RAPIDEMENT LES PREMIÈRES FILES D'ATTENTES ET LES PREMIÈRES QUERELLES. **LES FORCES DE L'ORDRE** FURENT DONC DÉPLOYÉES.

MAIS LES MEMBRES DE LA POLICE SONT AUSSI DES PÈRES DE FAMILLE QUI PENSENT À LEUR INTÉRÊT EN PREMIER.

BEAUCOUP D'EXPATS ONT COMPLÈTEMENT PÉTÉ LES PLOMBS À CE MOMENT-LÀ... MAIS JE PENSE QUE CE SERAIT ARRIVÉ TÔT OU TARD, DE TOUTE FAÇON.

CE QUI ÉTAIT AUSSI VRAIMENT SAOULANT, C'EST QUE TOUT LE MONDE NE FAISAIT QUE PARLER DU SÉISME. IL AVAIT POURTANT TOUCHÉ D'AUTRES ENDROITS BIEN PLUS DUREMENT.

5. Le plus grand bâtiment multifonction du monde

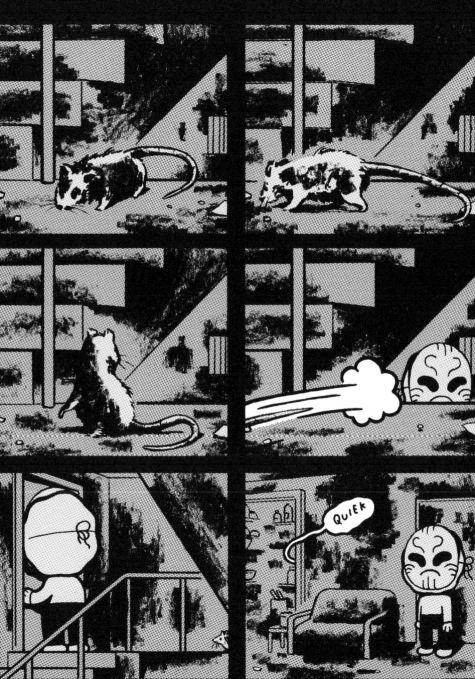

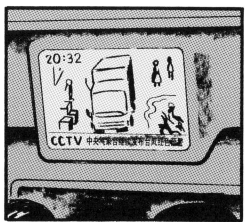

ÇA PARLE DE QUOI, CETTE VIDÉO ?

OH...

UNE FEMME S'EST FAIT ÉCRASER ET PERSONNE N'EST VENU À SON SECOURS. MALHEUREUSEMENT, TOUT A ÉTÉ ENREGISTRÉ PAR DES CAMÉRAS.

ÇA ARRIVE **TOUT LE TEMPS** MAIS LÀ, TOUT LE MONDE S'EN ÉMEUT SOUDAIN PARCE QUE ÇA PASSE À LA TÉLÉ.

ALORS...
ÇA TE
PLAÎT?

JE NE
COMPRENDS
RIEN À LA
PEINTURE.

À CÔTÉ,
IL Y A UNE
CONVENTION
COSPLAY.

ÇA NON PLUS,
JE N'Y COMPRENDS
RIEN, MAIS ON
PEUT ALLER Y
JETER UN ŒIL.

ÇA PARLE D'**HITLER**, DANS CETTE REVUE.

LLLLL LL?
LL LL

SUPER, ON A DÉJÀ UNE TONNE DE MATIÈRE POUR LE PROCHAIN NUMÉRO.

IL DOIT ENCORE Y AVOIR UNE EXPOSITION DANS LE BÂTIMENT ANNEXE, CAR ICI SE CONSTRUIT **LE PLUS GRAND BÂTI-MENT MULTIFONCTION DU MONDE.**

LLLLL LLLLLL
LLLLL LL

IL T'A DIT QUOI, LE TYPE AU FANZINE SUR HITLER?

IL M'A DIT QU'IL S'INTÉRESSAIT AUX **GRANDS HOMMES D'ÉTAT**, ET QUE DONC IL AVAIT FAIT UN FANZINE SUR HITLER, **RIEN DE PLUS.**

LE **CENTURY GLOBAL CENTER**, TERMINÉ EN 2013, EST LE PLUS GRAND BÂTIMENT MULTIFONCTION DU MONDE.

SUR UNE SURFACE DE 1,7 MILLIONS DE MÈTRES CARRÉS SE TROUVE TOUT CE QUE VOUS POUVEZ DÉSIRER.

UNE PATINOIRE, UN PARC AQUATIQUE, DE NOMBREUX BUREAUX ET RESTAURANTS, UN CINÉMA AVEC QUATORZE SALLES, DIVERS HÔTELS ET UNE PLAGE ARTIFICIELLE, ENTRE AUTRES.

VU DE LOIN, LE GLOBAL CENTER NE SEMBLE PAS PARTICULIÈREMENT GRAND.

MAIS LORSQUE L'ON SE RAPPROCHE, ON A L'IMPRESSION DE NE PAS AVANCER.

C'EST SEULEMENT LORSQU'ON PARVIENT SUFFISAMENT PRÈS QUE L'ON SE REND COMPTE DE LA **VÉRITABLE** TAILLE DU BÂTIMENT.

LES HABITANTS DES VILLES VIVENT HABITUELLEMENT DANS DES **COMPOUNDS**, DES UNITÉS DE VOISINAGE FERMÉES COMPRENANT PLUSIEURS IMMEUBLES D'HABITATION.

LES FAÇADES SONT TOURNÉES VERS L'INTÉRIEUR, ENTOURANT DES COURS, THÉÂTRES DE LA VIE SOCIALE.

LES PASSAGES ENTRE LES COMPOUNDS SONT DES ESPACES FONCTIONNELS, PAR EXEMPLE DES RANGÉES DE COMMERCES DE PROXIMITÉ.

LES IMMEUBLES SONT ACCESSIBLES PAR DES PORTES D'ENTRÉE, FERMÉES LA NUIT.

LORSQUE L'ON RENTRE TARD, IL FAUT DONC RÉVEILLER LE GARDIEN ET LUI GLISSER ALORS UN YUAN.

EN CAS DE PANNE DE COURANT, DES RUES ENTIÈRES SONT SOUVENT TOUCHÉES.

LES GENS S'INSTALLENT ALORS DANS LES ESPACES FONCTIONNELS EN DEHORS DES BLOCS D'IMMEUBLES.

SITUÉE JUSTE À CÔTÉ DE MACAO, **LE LAS VEGAS DE L'ORIENT,** LA VILLE DE ZHUHAI EST LA DEUXIÈME PLUS GRANDE VILLE PORTUAIRE DU CONTINENT CHINOIS.

LE LONG DU LITTORAL, S'ÉTEND LA SOI-DISANT **RUE DES AMOUREUX** D'UNE LONGUEUR DE PLUS DE 36 KM. CETTE RUE RELIE **LES UNS DERRIÈRE LES AUTRES** LE CENTRE ADMINISTRATIF ET CULTUREL, LE QUARTIER DES AFFAIRES, LE CENTRAL DE L'INDUSTRIE LOGICIEL AINSI QUE LES CAMPUS UNIVERSITAIRES.

LA VILLE NOUVELLE DE HENGQIN SITUÉE AU SUD A ÉTÉ CONÇUE EN 2009 COMME UNE NOUVELLE ZONE D'AMÉLIO-RATION AU NIVEAU DE L'ÉTAT ET DONNERA UN NOUVEL ÉLAN AU DELTA DE LA RIVIÈRE DES PERLES.

HUIT UNIVERSITÉS, CENT MILLE ÉTUDIANTS, PLUSIEURS BASES ÉCONOMIE-UNIVERSITÉ-RECHERCHE SCIENTIFIQUE, AINSI QUE DES LABORATOIRES D'ÉTAT APPORTENT À CETTE VILLE PLEIN DE DYNAMISME ET DE **SAGESSE POUR L'INNOVATION.**

CHANGSHU INVITE À LA PROMENADE:
ICI TOUT PLONGE **DANS
LA PROFONDEUR CULTURELLE.**

DU STRATÈGE **JIANG TAIGONG**, PÊCHANT
DANS LE LAC SHANG, À **YU ZHONG**
FONDATEUR DE LA VILLE, ENTERRÉ
AU PIED EST DE LA MONTAGNE YUSHAN,
EN PASSANT PAR **YAN**, LE MEILLEUR
DISCIPLE DE CONFUCIUS — TOUT
RACONTE, SANS MOT DIRE,
LA LONGUE HISTOIRE DU PAYS.

DES TRACES HISTORIQUES DEMEURENT
PARFAITEMENT PRÉSERVÉES DANS LE
DÉVELOPPEMENT URBANISTIQUE, SELON
LA DEVISE QUI VEUT QU'UN **STATUT
CULTUREL DE PREMIER ORDRE**
PRÉCÈDE LE DÉVELOPPEMENT ÉCO-
NOMIQUE, ET LE **HARD POWER**
ÉCONOMIQUE NE PEUT ÊTRE PROMU
QUE PAR LE **SOFT POWER** CULTUREL.

«JE SUIS CONVAINCU QUE LA VILLE DE
CHANGSHU DEVIENDRA BIENTÔT UN
SITE AMBITIEUX MAIS AUSSI VIVANT
ET FLORISSANT POUR LES GENS DES
AFFAIRES. C'EST POUR MOI **UNE
GRANDE UNION** QUE DE VIVRE ICI.»
(ZHANG LONG, DIRECTEUR ET PRÉSIDENT
DE CHANGSHU RAILROAD TRIM CO., LTD.)

AU MILIEU D'UNE POSITION EN CLÉ EN CROIX, LE PORT, L'AUTOROUTE, LE TRAIN ET L'AÉROPORT RÉUNISSENT LES MILIEUX ÉCONOMIQUES DANS UN RAYON D'UNE HEURE DE ROUTE OU BIEN DE DEUX HEURES DE ROUTE.

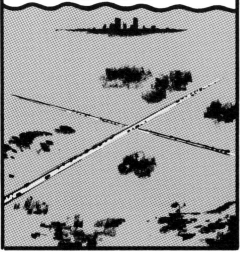

« EN CAS DE PROBLÈMES DE RECRUTEMENT, DE RECHERCHE DE FOURNISSEURS OU MÊME DANS D'AUTRES CIRCONSTANCES, ON PEUT TOUJOURS COMPTER SUR UNE AIDE IMMÉDIATE DU COMITÉ ADMINISTRATIF, CE QUE NOUS APPRÉCIONS **AU MAXIMUM**. » (JUNICHI MORIJA, CEO, GÉRANT DE KYUSHU ELECTRIC CO., LTD.)

DEPUIS LONGTEMPS, LA VILLE CHANGSHU EST SUR TOUTES LES LÈVRES, DÉCRITE COMME UN PARADIS DE RÉUSSITE PROFESSIONNELLE ET DE JOIE DE VIVRE. PLUSIEURS DIZAINES DE MILLIERS DE DIPLÔMÉS DE L'ENSEIGNEMENT SUPÉRIEUR VIENNENT DE TOUTE LA PROVINCE DU JIANGSU ET ET MÊME DE TOUTE LA LA CHINE POUR Y EMMÉNAGER ET AVOIR UNE BRILLANTE CARRIÈRE.

L'ESPRIT DE **L'INNOVATION**, DE LA **QUALITÉ** ET DU **TRAVAIL DE PIONNIER** EST ÉCRIT SUR LE DRAPEAU.

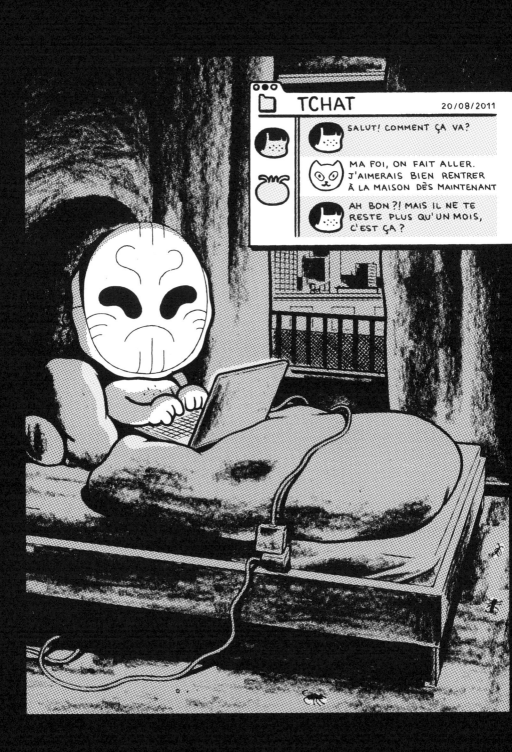

Le professeur Fan-se-jen, connu pour son ouvrage qui a fait date sur la guérison des maladies mentales, est revenu en Chine en passant par l'Afrique, après un long voyage d'étude.

L'hypnose, les neurosciences et la psychanalyse l'ont fait se pencher sur le totémisme et le vaudou.

Depuis de nom-
breuses années,
le professeur
Fan-Se-yen...

...cherche
un moyen
de faire
le lien
entre ses
connaissances
en sciences
naturelles
modernes...

...et la médecine
chinoise traditionnelle.

Dans ce but, il a rapporté avec
lui un nouvel objet d'étude:
la guêpe émeraude, une espèce
très rare.

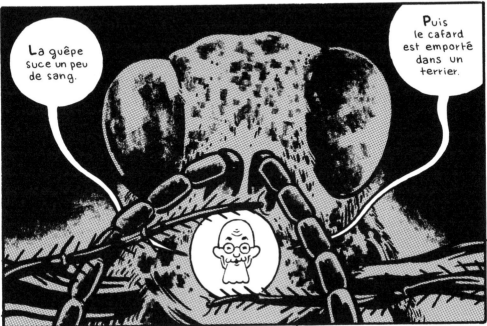

Puis, les organes internes sont dévorés, petit à petit. Quatre semaines plus tard, une guêpe adulte sort de l'insecte, mort entre-temps.

TU AS COMPRIS TOUT CE QUE LE PROFESSEUR A EXPLIQUÉ ?

EN QUOI ÇA **ME** CONCERNE ?

Claude
Lévi-Strauss
Tristes
Tropiques

PICTURING THE CHINESE

6. Les experts

YOUHOU...
JE SAIS
PARLER
CHINOIS!!

J'AI DEMANDÉ MON
CHEMIN... **ET IL M'A
COMPRIS!** ET J'AI
COMPRIS SA
RÉPONSE !!!!

POURQUOI LES CHAMBRES D'HÔTEL DOIVENT-ELLES TOUJOURS ÊTRE IDEN-TIQUES ?

BON, BEN... À DEMAIN ALORS.

CETTE VILLE EST USANTE. ON NE PEUT JAMAIS AVOIR UN TAXI, C'EST ÇA ?

CE SOIR, IL FAUT QU'ON ESSAYE DE VOIR UN PEU À QUOI RESSEMBLE LA VIE NOCTURNE À XI'AN.

CLIC

ALLONS DANS LES AUTRES SALLES.

TU AS ENCORE TON MASQUE DE CHAT ?

OUI, BIEN SÛR.

JE PEUX TE L'EMPRUNTER ?

POURQUOI ?

POUR LA FÊTE, LA SEMAINE PROCHAINE.

SOIE, CÉRAMIQUE, PORCELAINE, BRONZE, ACIER, THÉ, QUINCAILLERIE, MEUBLES, PEINTURES, POUDRE NOIRE, PAPIER, ÉPICES ET ÉTOFFES.

LES IMPRESSIONS, LES PARFUMS ET LES GOÛTS DE LA CHINE ONT AUTREFOIS **BOULEVERSÉ** LA CIVILISATION OCCIDENTALE.

MAIS JE CONNAIS TROP BIEN MES TEXTES HISTORIQUES POUR NE PAS SAVOIR QU'EN RETOURNANT EN ARRIÈRE, J'AURAIS DÛ RENONCER À DES INFORMATIONS ET À DES DONNÉES QUI AUJOURD'HUI ENRICHISSENT MA PENSÉE.

DANS PLUSIEURS CENTAINES D'ANNÉES, **ICI MÊME, UN AUTRE VOYAGEUR** TOUT AUSSI DÉSESPÉRÉ QUE MOI REGRETTERA TOUTES LES CHOSES QUE J'AI LA CHANCE DE POUVOIR VOIR AUJOURD'HUI, ET QUI **M'ÉCHAPPENT.**

MOINS LES CULTURES HUMAINES POUVAIENT **COMMUNIQUER** ENTRE ELLES, MOINS ELLES ÉTAIENT CAPABLES DE SE RENDRE COMPTE DE LA RICHESSE CULTURELLE DE CHACUNE.

DONC, SOIT ON EST UN VOYAGEUR DE L'ANCIEN TEMPS QUI CERTES A PU ASSISTER À UN SPECTACLE IMPRESSIONNANT DONT CEPENDANT PRESQUE TOUT LUI A ÉCHAPPÉ...

J'AI ENTENDU DIRE QUE TU REPARTAIS BIENTÔT.

OUI, C'EST EXACT.

ET TU REVIENDRAS?

CERTAINEMENT, FAUT VOIR...

AH, VOUS ÊTES LÀ!

AU FAIT, JE T'AI DÉJÀ RACONTÉ L'HISTOIRE DE LA **VIANDE DE CHEVAL**?

NON.

BON, TU SAIS DÉJÀ QUE NOUS AVONS UN **PROBLÈME DE MOISISSURES** DANS LE SALON.

EN FAIT, UN TUYAU DES EAUX USÉES FUYAIT ET ÇA COULAIT AU NIVEAU DE NOTRE PLAFOND. RÉCEMMENT, UN ARTISAN EST VENU ET A RÉPARÉ TOUT ÇA. MAIS, **POUR UNE RAISON OU UNE AUTRE**, LE TRUC AVEC LA MOISISSURE NE S'EST PAS ARRÊTÉ.

BREF, DANS TOUS LES CAS, J'AI REGARDÉ PLUS TARD LE FILM « LE SYNDROME CHINOIS ».

J'EN AVAIS SOUVENT ENTENDU PARLER ET JE VOULAIS SAVOIR CE QUE ÇA AVAIT À VOIR AVEC LA **CHINE**.

LE **SYNDROME CHINOIS** DÉSIGNE EN FAIT UN **ACCIDENT NUCLÉAIRE AVEC FUSION DU CŒUR DU RÉACTEUR**, CE QUI N'A ABSOLUMENT RIEN À VOIR AVEC LA CHINE.

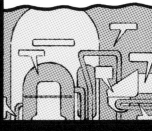

MAIS DANS CE FILM, IL Y A UNE SCÈNE DANS LAQUELLE UN TECHNICIEN MARCHE AU SEIN DU RÉACTEUR, APRÈS UN ACCIDENT.

SELON UNE ÉTUDE, IL N'Y A PAS EU DE **DOMMAGES** SUR LE SITE. MAIS L'EMPLOYÉ N'EN EST PAS CONVAINCU ET IL DÉCOUVRE EFFECTIVEMENT UNE **FUITE**.

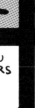

DONC, **MOI** AUSSI, J'AI REGARDÉ DE PLUS PRÈS NOTRE TUYAU.

ET J'AI ALORS REMARQUÉ QUE LE TUYAU ÉTAIT CERTES ÉTANCHE AU NIVEAU DE NOTRE PLAFOND MAIS **ENDOMMAGÉ DANS UNE ZONE QUI SE SITUAIT À L'EXTÉRIEUR DE NOTRE APPARTEMENT**.

UNE PARTIE DE L'EAU **REFLUAIT DONC VERS L'APPARTEMENT**. DE TOUTE ÉVIDENCE LE PLOMBIER NE L'AVAIT PAS VU.

JE DEVAIS ESSAYER DE **TORDRE** LE TUYAU, POUR QUE L'EAU PUISSE S'ÉCOULER VERS LE BAS.

MAIS CE N'ÉTAIT PAS SI SIMPLE, CAR LE TUYAU ÉTAIT DIFFICILEMENT ACCESSIBLE, IL FALLAIT QUE JE FASSE UN PEU D'ESCALADE.

ALORS QUE JE VENAIS JUSTE DE L'ATTEINDRE, J'AI VU, DANS L'IMMEUBLE VOISIN, UNE PERSONNE À PEU PRÈS À LA MÊME HAUTEUR QUE MOI SAUTER PAR UNE FENÊTRE OUVERTE.

C'ÉTAIT **VRAIMENT SUSPECT**. JE SUIS DESCENDU POUR POUVOIR VOIR DE PLUS PRÈS CE QUI SE PASSAIT DANS CET IMMEUBLE.

LA PIÈCE N'ÉTAIT CEPENDANT PAS VISIBLE DE LA RUE, ALORS J'AI CONTOURNÉ L'IMMEUBLE.

DANS UNE **ARRIÈRE-COUR**, J'AI TROUVÉ UN BON POINT DE VUE SUR LA FENÊTRE. MAIS DANS LA PIÈCE, IL N'Y AVAIT FINALEMENT QU'UNE PERSONNE ASSISE DEVANT UN ORDINATEUR.

MAIS C'EST AINSI QUE J'AI DÉCOUVERT, DANS CETTE ARRIÈRE-COUR, UN PETIT RESTAURANT QUI PROPOSAIT DE LA **VIANDE DE CHEVAL**. ÉVIDEMMENT, JE L'AI TESTÉ TOUT DE SUITE.

C'ÉTAIT **ÇA** TON HISTOIRE ? ET COMMENT ÉTAIT LA VIANDE ?

HUM... TRÈS BONNE.

LA **SEULE** CHOSE QUI S'EST VRAIMENT DÉVELOPPÉ À CHENGDU, C'EST L'INDUSTRIE AUTOMOBILE.

LES TEMPS CHANGERONT DE NOUVEAU!

OUI, MAIS **QUAND?** DANS 10 ANS? **15 ANS?**

OK... POUR CONCLURE, ON PASSE UNE DERNIÈRE FOIS AU «SHAMROCK»?

Du même auteur :

Insekt
Sarbacane (2007)

Quatre Yeux
Atrabile (2012)

Dri Chinisin
L'Association (2013)

Les éditions Atrabile bénéficient du soutien de la République et canton de Genève.

Traduit de l'allemand par Charlotte Fritsch.
Lettrage : Aline Peter.